El poder del
Optimismo
Venciendo la tristeza

Martina Sandoval

Reservados todos los derechos. No se permite la reproducción total o parcial de esta obra, ni su incorporación a un sistema informático, ni su transmisión en cualquier forma o por cualquier medio (electrónico, mecánico, fotocopia, grabación u otros) sin autorización previa y por escrito de los titulares del copyright. La infracción de dichos derechos puede constituir un delito contra la propiedad intelectual.

El contenido de esta obra es responsabilidad del autor y no refleja necesariamente las opiniones de la casa editora.

Publicado por Ibukku
www.ibukku.com
Diseño y maquetación: Índigo Estudio Gráfico
Copyright © 2019 Martina Sandoval
ISBN Paperback: 978-1-64086-477-1
ISBN eBook: 978-1-64086-478-8

ÍNDICE

1 - Nunca atentes contra tu vida, el templo de Dios — 7

2 - Comunicación con nuestros hijos — 11

3 - Fuerza y virtud de mujeres — 17

4 - ¿Sabes lo que quieres en la vida? — 19

5 - El tipo de mujer sumisa — 23

6 - Las mujeres valientes — 25

7 - Qué nos motiva a mejorar — 27

8 - Las cosas que nos hacen positivos y felices — 31

9 - No temas a tus metas — 37

10 - Reacción de algunos hombres al enfrentarlos — 39

11 - Por qué nunca estamos conformes y felices — 41

12 - Cuáles son nuestras prioridades — 47

13 - Cuando renunciamos a nuestras metas — 49

14 - ¿No sientes motivación en tu trabajo? — 51

15 - Personas tóxicas a tu alrededor — 53

16 - Cómo fijar bien tus metas — 55

17 - Nuestra actitud ante la vida — 59

18 - Cómo automotivarse — 61

19 - Personas felices — 63

20 - Las envidias — 65

21 - Cuándo sentimos desolación o tristeza — 67

22 - Merecemos reconocimientos — 69

23 - Personas en duelo — 71

24 - Mi vida cambió positivamente	75
25 - Invitación a luchar por tu vida	79
26 - Habla contigo mismo	81
27 - Dar amor es compartir lo bueno	83
28 - Elimina lo que te hace daño	85
29 - Fuera quejas y excusas	89
30 - El ayer ya no regresa	91
31 - Sentimientos personales; cómo nos afectan	93
32 - Levanta tu autoestima	97
33 - Nunca es tarde para empezar	101
34 - Hijos abandonados	103
35 - Las indirectas	105
36 - ¿Quiénes encuentran la felicidad?	107
37 - Ayuda y te ayudarás	109
38 - El perdón	111

Quiero compartir en este libro, lo mejor de mis motivaciones a todos ustedes, sobre las experiencias adquiridas a lo largo de mi bello sendero en la vida.

En el tema de motivar, estaré hablando también de la creación más bella del mundo: la mujer; de varios tipos de mujer. Lo que callamos, lo que guardamos dentro nuestros temores infundados, los miedos que arrastramos desde la niñez y nuestros poderes. Espero disfruten la lectura y tal vez se sientan relacionados en algunos pasajes de los párrafos.

A pesar de que no soy una escritora de reconocido nombre, me llama mucho la atención, mejor dicho, me encanta escribir, siempre me ha gustado y ayudar a las personas es mi devoción. Dos cosas en la vida que me gustan y pueden ajustarse para en una sola cosa hacerla realidad: ayudar a mi gente y escribir; ser útil a la sociedad buscando motivarlos de una u otra manera. Ojalá puedan percibir en mi escritura, lo que intento comunicar con el corazón. Agradezco a mis hijos Pedro, Ariana, Adilene, Humberto Rodríguez y a mi querido amigo, casi mi hijo, Marco Antonio Morales por impulsarme y darme ánimos a conseguir este objetivo; los quiero con el alma.

¿Qué me impulsó a escribir un libro de motivación y superación personal? Es difícil para mí la explicación, ya que en ella debo exponer parte de mi vida más privada, pero importa más que al hacerlo también llegue a tocar al menos una persona, para que no cometa los mismos errores que hice un día.

1 - Nunca atentes contra tu vida, el templo de Dios

Déjenme contarles un poco de mi historia; cuando tenía la edad de 15 años, estuve pasando lo que tal vez muchos jovencitos están pasando ahora, mi mente estaba confusa, me sentía constantemente deprimida, insegura, fea y sin gracia, y a pesar de que tenía una enorme familia de hermanos y hermanas, nunca tuve comunicación alguna, menos con mis padres. Nadie se percataba de mis sentimientos; no podía exponer mis inquietudes, pues no existía esa confianza con nadie. No juzgo a mis padres por su ignorancia o inexperiencia, tal vez éramos mucha carga para ellos y así fui cargando sobre mis espaldas ese peso que para mí era demasiado, hasta que un día me impulsó a atentar contra mi propia vida. Tan fácil lo fue para mi tomar unos tragos de un veneno letal que sin remedio acababa con mi vida… aún recuerdo el capítulo como si fuera ayer, y eso me impulsa más a seguir escribiendo. Ha incrementado en este tiempo el porcentaje de muertes de todos los géneros; mujeres, hombres y aún más en jovencitos, llenos de confusión, depresiones y tantas cosas más. Nuestra vida está pendiendo de un delgado hilo y fue fácil para mi querer deshacerme de mis problemas desapareciendo del mundo. Solo al ver romper en llanto a mi madre cuando veía que mi alma se desprendía de mi cuerpo ya casi inerte, me hizo elevar una plegaria, pidiéndole a mi Señor del cielo que me perdone y se apiade de mí, regresando mi alma a mí para ver de nuevo sonreír a mi madre y ser una persona sana, útil, que ayude a los suyos, que sirva a los demás con humildad. Esto me anima a hacer si alguien de ustedes pensaron como yo, que su problema está demasiado grande que no pueden con él, se equivocan, yo tomé conciencia del daño que estaba haciendo a quienes amaba y como si fuera una película, pude ver mi futuro incierto lleno de tristezas y alegrías, y como si un ángel me dijera todo lo que está destinado para mí, venía con fuerza un futuro prometedor. Yo quise sentirme llena de vida, no me quería perder de todo eso, ya no quería truncar la vida que Dios me dio, mis sueños que aún no planeaba, que nacían en mi pecho palpitando ya, y mi ángel me decía: "hay mucho trabajo por hacer", que aceptara que yo no era dueña de esta vida y que luchara con fuerzas, que para ser feliz había nacido un día. Mi cuerpo, que estaba aprisionado como en una gigante máquina, de repente empezó a vibrar; abrí mis ojos y el doctor me dijo sorprendido: has vuelto a nacer. Nací para terminar empezar mi tarea, la tarea que tengo y que tenemos todos en esta vida, aunque sea poco a poco, detalle a detalle, es nuestra misión. Así fue como sentí ganas de volar, vivir, respirar el aroma que antes no apreciaba en las rosas, la naturaleza y disfrutar del amor que hay dentro de mí y el que puedo dar, y entonces me di cuenta de que la palabra clave es "Gracias"; gracias, Señor. Hoy me di cuenta también cómo estuvo mi autoestima por los suelos cuando por primera vez en mi vida escuché a una enfermera decirme: "Tan bonita y curiosita que estás, ¿por qué querrás haber hecho eso?". Sé que no soy grotesca, ni tampoco una hermosura, lo que sí sé es que esa persona es una lindura que sabe cómo hacer sentir a los demás, así como todos debemos ser.

2 - Comunicación con nuestros hijos

Si pudiera dar un consejo, si lo permiten, no sería tan adecuado decir: "hijos, hablen con sus padres sobre sus sentimientos". Tal vez no sería tan adecuado, ya que la mayoría de los niños, cuando atraviesan una terrible experiencia, se sienten tan atemorizados, hasta culpables, y no hablarían tan fácilmente; es mejor observarlos y acercarnos a ellos, nosotros los conocemos y podemos ver cuando están tristes o enojados y todo tiene una razón, pero a veces estamos tan ocupados en otras cosas que creemos más importantes y no nos damos cuenta de sus reacciones. Nosotros tenemos la obligación de incitarlos a abrir su confianza hacia nosotros, somos los únicos en quien podrían confiar y los únicos que podríamos hacer algo por ellos; es algo a veces muy difícil con alguno de ellos, lo sé porque yo cada día trabajo en ello, pero el gran amor que sentimos por ellos nos abre la mente para buscar la manera de extender la comunicación. Ellos deben entender que nadie más los ayudaría igual, sin juzgarlos, como nosotros los padres.

Qué triste es ver que un niño o niña esté en su mundo de problemas y no poder contar con los padres porque los ignoran y no les ponen atención. Es como estar navegando sobre una balsa sin rumbo ni fin, se siente desahuciado sin tener esa confianza con nadie; es la razón por la cual muchos jóvenes llegan a tomar decisiones catastróficas, hasta algunos huyen de sus propias casas o buscan la puerta falsa. Dios nos pone de tarea ser responsables de ellos hasta que lleguen a su madurez mentalmente y sepan defenderse en esta vida. A veces no queremos batallar o aceptar que cuando tenemos un problema con un hijo y no lo podemos controlar, antes de tomar decisiones injustas, si es necesario, debemos buscar ayuda profesional o consejería; eso no es nada vergonzoso y puede ser muy importante según el comportamiento que tengan ellos. Eso no quiere decir que no somos buenos padres al educarlos, sino al contrario, nunca está de más estar atentos a la seguridad y felicidad de nuestros hijos. Hace unos días, una compañera me contó la historia de su vida; yo sé que a nadie le importan las historias de los demás, pero es bueno saberlas si nos llegan a servir de algo:

La vida de Ramona cambió por completo cuando murió su madre. Su hermano mayor se fue muy lejos, una hermana muy joven se casó y a Ramona de 8 años la llevaron a vivir con sus tías, que tenían a sus hijos adolescentes, intachables muchachos supuestamente, porque no pasó mucho tiempo para que ellos se aprovecharan de esta niña, la que intentó avisar lo que hacían con ella y nunca fue escuchada. Los fines de semana le tocaba estar con su padre, a quien solo le importaba estar ahogado en alcohol junto con su amigo José Luis. Gilberto, el padre, nunca se dio cuenta de cómo José Luis abusaba de la niña Ramona, ni tenía idea de lo que pasaba cada vez que la llevaba a su casa. Cuando Gilberto se casó, no fue un gran alivio para la niña, puesto que esta señora odiaba a Ramona, la golpeaba diariamente y la dejaba sin comer; un día, ella quiso comer una torta de un gigantesco pan de virote, y cuando fue descubierta, la mujer hizo que lo tragara todo a la fuerza. Eso es solo alguna parte de todos los tormentos que pasó en esa casa, y claro, su padre nunca creyó lo que decía, o no quería creer. Algunas veces, Gilberto la llevaba de visita con su hermana la más grandecita, hasta que un día que se pasó de golpes la mujer, por cierto de nombre Inés, la niña huyó corriendo a la casa de su hermana para refugiarse; gracias a Dios, ahí la auxiliaron y no permitieron que siguieran abusando de ella. Actualmente ella tiene una vida tranquila, es una persona maravillosa y luchona, que ama a Dios y es muy servicial. Gracias, Ramona, por permitirme compartir un poco de tu vida; eres una mujer tan valiosa y fuerte, que pudo superar todas sus tempestades. Nosotros los padres, y más las madres, somos indispensables en la vida de nuestros hijos, por eso debemos cuidarnos y luchar por ser siempre fuertes y dispuestas a todo por ellos.

3 - Fuerza y virtud de mujeres

Hablando de mujeres, ha habido grandes mujeres en el mundo las cuales han dejado su huella y son queridas y recordadas como unas heroínas.

Ahí tuvimos a Eleanor Roosevelt: fue una diplomática y activista estadounidense, esposa del presidente Franklin Delano Roosevelt, considerada como una de las líderes que más ha influenciado en el siglo XX.

Emma Goldman: escritora y anarquista lituana de origen judío, una de las pioneras en la lucha por la emancipación de la mujer.

Frida Kahlo: pintora mexicana de gran personalidad, admirada por Picasso, Breton y

Trotsky. Su pintura se cataloga de expresionista y surrealista.

Coco Chanel, Grace Kelly y muchas más.

De igual forma, como ellas entre nosotras, existen grandes líderes que no quieren salir a la luz por sus absurdas y equivocadas ideologías. No se puede llegar a crecer estando en las sombras; las grandes mujeres deben destacar sobretodo arriba de la multitud. Figúrate en medio de todos y arrojando bendiciones a tus alrededores alcanzarías a unos cuantos que estén cerca, pero si estás arriba, alcanzas miles y miles; por esa razón debemos estar más arriba. Una gran mujer siempre piensa en dar, en ayudar.

4 - ¿Sabes lo que quieres en la vida?

Esa es una pregunta muy importante que nos debemos hacer y depende de nuestras respuestas la felicidad hacia nosotras y la realización de nuestros sueños. Y es que a veces nos realizamos haciendo cosas que no nos llenan ni nos satisfacen, o estudiamos una carrera porque ese era el sueño de nuestros padres y no nuestro; lo que en realidad queremos es tan profundo, que a nosotros mismos nos da miedo, miedo a hacerlo realidad y que sea un motivo de escándalo para las demás personas.

Yo te quiero decir y animar a que veas en tu interior lo que en verdad has querido siempre, mira a tu alrededor, busca las herramientas para intentar o lograr hacerlo, no tengas duda de ti y estarás satisfecha y orgullosa(o) de tus logros, que por el simple hecho de empezar algo, totalmente eres una triunfadora, porque tus mismos pies te van encaminando hacia la meta deseada, gracias a la pasión interna que sientes por ello.

Si en el proceso perdemos personas que no nos apoyaron o nos criticaron, déjalas, no valieron la pena. La mayoría de nosotras las mujeres, no captamos la necesidad urgente de atendernos y de querernos más que a nada, para poder estar en un estado o condición excelente para servir a los demás. El ser un poco egoísta no es nada malo como muchas sentimos. Yo, desde que empecé un trabajo, recuerdo cómo me dedicaba en cuerpo y alma a terminar mi cotidiana labor, pero también sin dejar de pensar en mi familia, en el querer terminar mis labores para estar en punto a casa con un taco en una mano y con otro agarrando la escobilla para limpiar e irme lo más pronto que fuera a mi casa, para atender a mi esposo y a mis hijos, cocinar y limpiar y lo que el resto del día me indique. Sí, tuvieron que pasar muchos años y no es el cansancio que me gritó en silencios, sino el amor que empecé a sentir por mí y mi cuerpo. De repente, en vez de estar pensando en comprar ropa y gustos para mis hijas, empecé a gastar en mí lo que necesitaba, cosa que antes no quería, se me hacía un desperdicio de dinero gastar en mí, en zapatos de diferentes colores, vestidos o hacerme un masaje de vez en cuando; cómo iba yo a gastar tanto en mí. No solo eso, me inscribí en el gimnasio y hasta dejé de trabajar en trabajos pesados para trabajar en otro más cómodo y no trabajar más horas que no consideraba necesarias. Obviamente mi vida empezó a transformarse física y mentalmente: dejó de caerse mi pelo, de hecho empezó a crecer más; el estrés que sentía y no reconocía desapareció gradualmente y mi cuerpo se veía y se ve estupendo, gozando de buena salud. Me dije a mí misma: "estás haciendo un buen trabajo, me felicito y me siento súper orgullosa de mí", pero claro, sin descuidar a mi valiosa familia. Ellos me apoyan en todo y eso les enseña también a ellos a saber valorarse y cuidarse, y aún estoy deseosa de hacer más cosas por mí y por la gente que quiero, porque el tenernos amor verdadero y propio, nos ayuda a dárselo a los demás sin ningún problema.

5 -El tipo de mujer sumisa

Algunas somos sumisas hasta que llega un momento de nuestras vidas que nos hace despertar de un sueño, que no es más que nuestra apacible tolerancia que tenemos hacia los demás.

No existe mujer sumisa, sino todo lo contrario: cuando esa mujer despierta de su leotardo de paciencia, es más feroz que un león hambriento.

Te quiero dar a entender que esa rebeldía que existe en ti, tarde o temprano suele despertar; muchas veces las circunstancias de la vida, eventos, acciones, pueden algún día aflorar todo el coraje en tu interior retenido por cierto tiempo. Entonces apareces tú.

6 -Las mujeres valientes

Mujeres valientes, así las nombran muchas personas. Creen que lo son porque las ven interferir en todos los eventos donde se les llama, donde levantan la voz cuando ven injusticias, evitan las lágrimas y quejas, y tratan de ayudar a los demás aunque sean ellas quienes necesitan la ayuda.

No nos dejemos llevar por las apariencias, en ocasiones esas mujeres se doblan a escondidas, y por lo mismo, porque saben el título que tienen y no quieren mostrar debilidad, y no piensan, solo actúan valientes y sumisas en una mezcla que en realidad lo somos todas las mujeres con la estrella de guerreras. Aunque a veces las pequeñas diferencias que existen entre nosotras, nos pueden interferir en una inseguridad por no haber actuado de la misma forma en resolver problemas como lo pueden hacer las demás, y lo que menos puede tolerar una mujer es la comparación, porque cada una es única en ciertos sentidos de actitud y sentimientos.

7 - Qué nos motiva a mejorar

Lo que nos puede ayudar a mejorar gracias a Dios, existen personas de fuerte espíritu, personas que sacan de ti lo mejor, nuestros dones, pero déjame decirte algo: en nuestro interior, vive la fuerza y el poder que Dios nos dio; él nos hizo a su semejanza y tenemos la virtud, el poder de crear ideas, crear propósitos o planes y tenemos esa fuerza de cumplirlos, pero siempre ese obstáculo que tenemos, el miedo, veamos nuestro tiempo es el suficiente y la capacidad para cumplirlos aunque tengamos que sacrificar ese tiempo invertirlo en nosotros mismos.

Existen miles de personas exitosas en la vida y no por suerte, ellos han sacrificado su tiempo para llegar a donde están. De igual manera debemos hacer lo mismo. Sacar ese impulso que vacila en nosotros y vivir plenamente, logrando nuestros objetivos. No debe existir el "no puedo", no hay nadie que nos debe motivar más que uno mismo, porque a final de cuentas las personas nos fallan, nos decepcionan, pero si te tienes a ti como tu mejor amigo, no nos podemos fallar. Hay un ejemplo de un tipo de persona que es perseverante y exitosa, ejemplo: a un niño le ponen muy lejos de su alcance un artículo que él quiere, un niño solo lo contemplaría si se da cuenta que no lo puede alcanzar, pero el perseverante buscaría los medios; una silla, un mueble o algo para subir hasta arriba y tenerlo. Aunque no sea la opción adecuada, esa persona tiene en su mente llegar al objetivo; lo mismo pasa con el adulto cuando quiere algo y no se da por vencido.

También muchas de nosotras sentimos una inmensa motivación por causa de nuestros hijos o lo que amamos; cuando no encontramos palabras para explicarles lo que es mejor para ellos, eso nos impulsa y nos motiva a levantarnos, ir al trabajo, a la escuela, al gimnasio, a aprender a hacer actividades para estar activas, en forma y saludables, a ayudar a quien nos necesita y siempre con la mano de Dios.

El tener un buen hábito alimenticio, nos pone en un pedestal de ejemplo como madres que somos, porque a veces las palabras sobran y es bueno mostrarles el ejemplo. Nosotras queremos estar sanas, fuertes por quien necesita de nosotras; puede ser que no todas necesiten todo eso, son algunas opciones, yo me incluyo en eso. El temor de ver fracasar a mis hijos en la vida me impulsa a hacerlo, aparte que me gustan las actividades, el ejercicio, comer sano y ayudar a personas como me sea posible, porque todo eso nos convierte en personas positivas, felices, con una meta en la vida, y eso mismo queremos para nuestros hijos, para que también busquen su camino.

8 - Las cosas que nos hacen positivos y felices

Como ya lo mencioné, recalco lo mismo. Dependiendo en cada tipo de persona, existen varias acciones que nos ayudan a tener una vida satisfactoria y llena de paz interior con nosotras mismas, y lo aplico a mí misma. Sé que muchas de ustedes estarán de acuerdo conmigo también.

El hacer algún tipo de ejercicio es un motivo grandísimo para enriquecer nuestro estilo de vida, por una parte estás siempre positiva, te sientes mejor con tu cuerpo y estarás saludable, eso levanta altamente nuestra autoestima.

Si no lo has hecho, aún hay tiempo de aprender; para eso no existe edad. Empiezas a aprender cuando tienes voluntad y es hermoso tener una nueva experiencia en nuestras vidas, y es muy recomendable cuando se está pasando por situaciones difíciles con aflicciones o depresiones; es una ayuda muy apropiada.

Una actividad muy buena también es asistir a cursos de entrenamientos, a la escuela a aprender una carrera, aunque sea corta, y nunca será tarde para seguir aprendiendo. Nuestra memoria crece tanto como la estemos alimentando de conocimientos, una mente ya crecida jamás vuelve a su tamaño que tenía leyendo, fabricando proyectos, etc... no importan las horas extras que tengamos que sacrificar de nuestro tiempo, todo vale la pena.

Así que no sientan desánimo, si otras personas pueden, quiere decir que nosotras también y están en las mismas condiciones o peores.

Yo soy de las personas que luchan contra la corriente; a mí me critican por hacer algo que me gusta o me dicen que no puedo, y me empeño más en hacerlo. Tomo esas pedradas para construir. De hecho, hace algunos años entré a un curso de oficinistas y algunas personas me decían que no podría porque me faltaba práctica en el idioma inglés, aún así ingresé a la clase y con un poco de batalla, pero pude terminarla; y no solo eso, puede entrar en otras que también necesitaba hacer. Todo eso ha servido mucho en mi vida; gracias a Dios pude lograrlo.

Muchas personas ven ejemplos en las demás personas grandes y exitosas. A mí me enorgullece ver otras que tienen limitaciones o incapacidades, me mueve, me motiva, me da pena que ellos puedan y yo no.

Yo tenía un temor, casi fobia a manejar. Cuando trataba, me ganaban los nervios al subir a la carretera y solo de ver un tráiler al lado mío, me llenaba de sudor pensando que se me iba encima. Lo que a mí me llenó de valor, fue cuando vi a las personas de la tercera edad manejando muy a gusto. Mi boca se abría tanto, hasta llegar a mi cuello, y me dije a mí misma: esto lo debo de superar; y ahí voy poco a poco, superando mis temores, cambiando de estrategias y todo lo posible para mejorarme, y gracias a esas personas, a los ancianos que me motivaron a eso indirectamente, porque ellos nunca lo supieron.

Puede que conducir no sea mi más grande logro, pero sépase que el subir al volante es un gran desafío para muchos y me aplaudo por ese logro, y estoy segura de que mucha gente que quiera hacerlo, si lo intenta, lo va a lograr; solo es cuestión de buscar su motivador.

Una de las cosas más importantes que nos brinda paz, es atender nuestro espíritu, nuestra alma donde hay unión en oración. Se ha hecho vital hacerlo, no hay cosa mejor que pedir ayuda al altísimo para vivir tranquilos de conciencia.

La humanidad tiene un gran parecido a los insectos, debido al involuntario deseo de acercarnos a la luz, a la felicidad. Todos vivimos con ese afán porque a eso vinimos al mundo. Aunque cargamos con tristezas, a nuestra manera hacemos las cosas para encontrarla.

Yo en mi vida sentí que tuve una niñez muy triste, pero también encontraba cosas bellas que me llenaban de felicidad. Me he encontrado con amistades que son infelices y que siempre tienen quejas de algo, y me doy cuenta de que basta con tener vida para saber qué hacer con ella, cómo dirigirla, porque habrá algunas situaciones que no vamos a poder manejar.

Cuando decidí escribir este libro, me motivó el amor hacia los demás a compartir mis experiencias y mis pensamientos, para ver si encuentran alguna coincidencia o alguna respuesta satisfactoria a sus problemas; me motiva ese pensamiento a seguir escribiendo. La motivación es una fuerza invisible que sientes en tu pecho y tu mente, y quieres hacer una y otra cosa, miles de cosas en el mundo, y te traen gratas satisfacciones; ésta es una de las mías.

9 - No temas a tus metas

Cuando intentas lograr una meta sobre tu trabajo o algún proceso de cambios, examen o algo parecido, no escuches a quienes te desanimen. Si nadie te apoya o anima, cuestiona tu interior, regresa tu mente hacia atrás recordando un triunfo que tuviste; por ejemplo: yo me sentía muy insegura al hacer un examen personal para mi ciudadanía. Claro, hubo personas que me desanimaron involuntariamente, tal vez, pero yo tomé seguridad de las veces que tenía que estudiar en la escuela para pasar mis exámenes con buena calificación y cómo lo lograba. Pues hice el mismo método y actualmente me funcionó; esa es una opción que aprendí en lo particular, tal vez a los demás también les funcione y seguramente esa misma estrategia seguiré practicando cuando se presente la oportunidad, y si no funciona, pues lo repetiré, no importa, lo ideal es no desanimarnos.

10 - Reacción de algunos hombres al enfrentarlos

La reacción de los hombres al enfrentarlos varía, depende el tipo de persona que es y sus emociones.

Hay hombres que les gusta ver a su mujer segura de sí misma, luchadora, exitosa, llena de triunfos, porque actúan inteligentemente y al compartir sus éxitos los dos serán felices, porque ellos también son exitosos, seguros de sí mismos y no le temen a cualquier acción.

También hay hombres que, al contrario, sienten una visible inseguridad o miedo, no les gusta la superioridad en la mujer, les asustan los enfrentamientos por el mismo miedo a perderlas y en su ignorancia no saben apoyarlas, por el contrario, tienden a causarles problemas para que ellas renuncien a sus proyectos. Cuando ellas se percatan de eso y siguen adelante, ignorando la crítica y las burlas, regaños o dificultades, muchos de ellos se llegan a resignar al ver que no funcionaron sus estrategias de atemorizar. Hay veces que las batallas son muy largas, pero a lo largo del camino y con la frente muy en alto, te das cuenta de que todo valió la pena.

11- Por qué nunca estamos conformes y felices

Aceptarlo es algo muy incómodo para todos nosotros cuando no lo somos completamente.

Si nosotras tenemos alta nuestra autoestima, nos preocupamos por vernos y sentirnos bien y aceptamos halagos, de hecho, hasta nos halagamos nosotras mismas, entonces te dicen que eres engreída, creída y no sé qué más, pero si nos comportamos sencillamente, nos incomodan los halagos y no los aceptamos, es otro punto de inconformidad y ¿saben por qué pasa eso? Porque parece que nos importa más lo que diga la sociedad y su aceptación que nosotras mismas.

Todos en nuestra vida tuvimos historias tristes, no todos, pero la mía toco ser una de esas. Me sentía deprimida y estaba aislada de los demás porque no me gustaba socializar, pero después comprendí que la pobreza o necesidad, la falta de comunicación con los padres y el temor de ver siempre los conflictos entre ellos, era deprimente; aún así, como nuestra tarea es ser felices, dentro de mí ardía y arde una flama, una chispa que se llama esperanza, y la mayor bendición de felicidad que tuve fue cuando pasaron los años y llegué a convertirme en madre; esa es felicidad genuina. Se casa uno para ser felices y algunos idealizamos tanto el noviazgo, que siempre queremos estar juntos hasta que el peso de las responsabilidades, el trabajo y los problemas nos hace perder el encanto que había al principio, y para muchos lo más fácil por resolver es divorciarse. Piensan que con esa decisión termina el problema, mientras los hijos se quedan consternados, sin entender lo que está pasando, y salen afectados.

La realidad de todo es que nadie es y será perfecto y que siempre habrá un motivo de insatisfacción por parte de uno o de los dos y no se puede andar por la vida buscando el molde perfecto porque no lo hay.

Eso tampoco quiere decir que tengamos que soportar una vida de infiernos con alguien que nos dejó de amar y que ya no hay nada qué hacer ahí, mas que recoger los pedazos de dignidad y por el bien de todos quedar de la mejor manera despidiéndose.

Nosotros tenemos el cerebro que usamos para razonar, para buscar las mejores soluciones y estar conscientes de la frase que dice: "no vivimos en un lecho de rosas".

A lo largo de la vida me di cuenta de que, por estar buscando felicidad, no nos detuvimos a reconocer que hemos sido felices en muchas etapas de nuestra vida y en pequeños detalles que, por pequeños, pasaron desapercibidos. Al igual que yo, a muchos les pasó lo mismo y estarán de acuerdo en eso; otros no, porque tenemos muchas diferencias.

Por lo pronto, yo en lo personal evito quejarme; lo hago muy de vez en cuando, pero al instante me doy cuenta de que no es para tanto y que no es apropiado hacerlo. Disfruto mi vida y todo lo que hago, de hecho, estos momentos estoy disfrutando y no los cambio por nada y, a mi familia, que es lo que más disfruto: gracias por los momentos. Tanto qué agradecer; tener techo, familia, salud… a pesar de que no fue muy larga mi carrera educativa, me siento complacida con lo que hago a mis 50 años de edad; no me pesan y no me detienen para hacer lo que quiero. La edad nos hace más valientes, más decididas, más extrovertidas, más fuertes y seguras.

Yo no veo que sea tarde para que nos iniciemos en un nuevo proyecto, al contrario, es el momento de dejar nuestras huellas de lo poco o mucho, pero bueno que hayamos hecho en la vida.

Por eso nos sentimos algunos inconformes, por no haber hecho lo que nos gustaba o no haber tratado de hacerlo. El tratar de crear cosas nuevas es el secreto para rellenar nuestra vida de sabiduría, esos detalles que nos llenan de alegría. El arriesgar es una luz de esperanzas que necesitamos día a día para vivir, si fallamos, qué importa, es secundario porque ya vamos en el camino y debemos seguir, y si necesitamos más preparación, nos preparamos, aunque nos lleve un poco más de tiempo, pero nunca debemos desalentarnos y dejar las cosas al vacío. Al estar hablando de mi proyecto con ustedes, de animarnos y motivarnos juntos, me estoy comprometiendo a terminarlo; eso me da felicidad y me hago responsable de hacer las cosas bien y echarle ganas a la vida, porque me estoy transformando en un ejemplo y para ser crédulo, debo tener todas las cualidades elevadas, positivas y muy convincentes para poder seguir demostrándoselos. Es tarea difícil, pero la estoy disfrutando y aprendiendo también; aunque no vea al lector, al ver las respuestas a lo que escribo aprendo de eso, como si lo hubiera como si me contestaran espero compartir mismos pensamientos.

12 - Cuáles son nuestras prioridades

Para mí, ver las prioridades son el estar en paz con nosotros mismos.

Algunos tenemos a cargo a nuestros hijos y debemos preguntarnos si existe estrecha comunicación con ellos, a veces es muy difícil, pero nosotras conocemos muy bien a nuestros hijos y debemos estar pendientes de sus actitudes y ver sus necesidades. Muchos adolescentes están pasando por situaciones difíciles en las que no encuentran salida, porque no hay comunicación con los padres para poder aconsejarlos antes de que cometan un error; ellos se sienten culpables de algo que pasó y por su inexperiencia e inmadurez, no lo pudieron afrontar y prefieren callar para no ser reprendidos o castigados, por consiguiente, se expande el problema y entonces se vuelve peligroso. Ellos sienten estar en un laberinto sin salida, yo lo digo por experiencia propia, por eso es primordial estar atentas en apoyarlos, por eso debemos estar preparadas para darles un buen ejemplo y olvidarnos de otros problemas que en verdad no valen la pena.

13 - Cuando renunciamos a nuestras metas

A veces estamos muy entusiasmados en realizar un proyecto, actividad o trabajo. Sentimos una fuerte motivación en hacerlo, sin embargo, suceden acontecimientos, provocaciones, críticas, rechazos u otros motivos que nos decepcionan y queremos dejar a la deriva todo, y así dejamos pasar el tiempo hasta desviarnos de nuestros objetivos.

Es importante tener una meta bien definida y no abandonar nuestras ideas, y eso sucede cuando es muy fuerte la visión y el deseo claro de lo que queremos.

Todos estamos capacitados para lograrlo, digan lo que digan, no permitamos que nos afecten y abandonemos nuestros sueños, porque todo en la vida es posible cuando lo queremos de verdad, solo recuerden el motivo que nos impulsó, no importa el tiempo que pasó y el que vamos a durar en terminarlo. Así como mucha gente se esforzó y lo logró, fue gracias a su clara visión y voluntad tan determinante; nosotros podemos también hacer reales nuestros planes.

14 - ¿No sientes motivación en tu trabajo?

Cuando prendemos nuestra alarma al acostarnos, timbra, nos alistamos y nos vamos a hacer nuestras labores automáticamente para sobrevivir. La mayoría de los empleados se quejan por el pago, maltrato y cualquier otra inconformidad, y eso es parte de la vida que no nos agrada, cualquiera que sea.

Pero debemos razonar y agradecer de corazón para sentirnos bien, no importa si eres obrero, jardinero, un doctor, profesor, lo que seas, porque estamos eventualmente en el lugar adecuado, donde debemos estar para hacer algo bien por quien trabajas y, por consiguiente, eso acarrea más bendiciones para ti y los tuyos, y mientras más agradecido, más puertas se abren para ti de oportunidades.

Si tu no estás recibiendo un trato digno, en ti está soportar o buscar algo mejor donde seas valorado, todos merecemos recibir esa humildad, ese buen trato por parte de tus patrones; valemos mucho y tú más que nadie debes reconocer tu valor.

15 - Personas tóxicas a tu alrededor

Siempre en nuestro entorno existirán personas que disfruten bajar nuestra autoestima, burlarse, lastimarnos y decirnos palabras hirientes; tal vez a alguien le toquen los que dicen ser amigos o hasta familiares, pero depende de ti cambiar el ambiente donde estás y con quién estás, haciendo a un lado toda negatividad que llegue a tu vida por parte de personas tóxicas. Todo mal comentario, toda perturbación, debe ser ignorada o no usarla como la piedra que te aplasta, sino la piedra en la que vas a subir un escalón; úsala en motivarte con más coraje, en seguir y terminar tus sueños y lo que te dice tu corazón, no dependiendo tu futuro de los demás. Que sea para ti un reto, un desafío el lograrlo, para no darle el gusto a nadie más que a ti mismo.

16 - Cómo fijar bien tus metas

Cuántos de nosotros hemos pensado o deseado fijar una meta, o hasta hay veces que empezamos y luego surgen acontecimientos que nos obligan a desenfocarnos y no la terminamos, o llegamos a pensar que ya es tarde para nosotros y nos da pena proseguir y así va pasando la vida y los años y dejamos a un lado lo que un día nos entusiasmó.

Se necesita demasiada fuerza de voluntad y muchísimo enfoque en los planes que construimos, y por nada del mundo quitar el dedo del renglón, como dicen por ahí.

Cada uno tiene el derecho de plantear algo de acuerdo con su capacidad o tiempo que necesite para hacerlo; nunca será tarde.

En caso de que no se pudiese, hay que informarnos, hay que capacitarnos e introducirnos al proyecto. Si bajaste la guardia, está bien, reanuda, vuelve a empezar, existen miles de formas para automotivarnos dependiendo del objetivo. Después de estar informados, debemos plantear el proyecto, poner todo el empeño de nuestra parte y no desanimarnos, porque, aunque fallemos, si somos perseverantes, tarde o temprano esa insistencia dará sus frutos. Siempre debemos estar enfocados y positivos en que lo vamos a lograr, sin escuchar comentarios que puedan desequilibrar nuestro entusiasmo.

Cada uno de nosotros, al nacer, venimos con un propósito, una tarea por hacer algo que algunos no pueden imaginar y que hasta pasa desapercibido el don que tenemos sin reconocerlo; esa chispa, esa alegría que debe sobresalir en todas las pruebas. Ese trabajo, por muy pequeño que sea o grande, debe estar en tu corazón con emoción constante, con pasión al ejecutarlo; de ahí viene esa grandeza que empezaste a crear, porque Dios nos lo dio para que lo termináramos, porque sabe que somos capaces de hacerlo, somos grandes.

Por eso es importante sostener nuestra actitud positiva todo el tiempo que sea posible, porque eso acarrea buenas oportunidades que ofrece la vida. Es difícil a veces, por las situaciones malas que nos encontramos y desgracias irremediablemente, y no se puede hacer nada para evitarlo, pero sí tratar de controlar la actitud y aprender siempre de las experiencias malas para no dejar de ganar.

17 - Nuestra actitud ante la vida

No todas las cosas que vemos negativas en nuestra vida significan algo malo para nosotros, por ejemplo: el rechazo, la crítica y las decepciones, pueden ser avisos de nuestras actitudes hacia los demás, señal de que te tienes que apartar de ahí por bien propio, para no llevarte una peor decepción.

Muchas veces estamos tan pendientes de otras personas u otras cosas, que nos olvidamos de quienes realmente nos aprecian; por esa razón nos decepcionamos más. Por tal razón hay que ver cómo algo constructivo. No eres bienvenido, muévete que no eres un árbol y hay que acercarnos a donde brille el amor. En el aspecto de ser criticados o que nos llamen la atención por algo que para ellos no era lo correcto, hay personas que se ponen a la defensiva por ser el centro de críticas, posiblemente a veces pensaríamos que lo hacen para molestar, pero es bueno ponernos a pensar si tienen razón en lo que te dicen, y para comprobarlo, se puede ver cuando diferentes personas coinciden con la misma opinión acerca de ti. Cuando todos opinan lo mismo, es de reflexionar en nuestro interior, aunque regularmente serán los que te quieren en su vida los que dirán la verdad.

18 - Cómo automotivarse

Va a haber días donde sientes que nada tiene sentido, que estás en el lugar equivocado, que te preguntas para qué o por quién luchas, que los obstáculos o enfermedades, cada vez más dolorosos, te quieren frenar, y quieres caer porque ya no hay más que hacer, sin embargo, sabes que no debes parar, que nunca te debes detener, porque el guerrero nunca muere sin pelear.

Sin remedio, todos pasamos por etapas de tristezas y dificultades, y no debemos estancarnos ahí en la situación. Un ejemplo de mí, claro no en todos aplica: en lo personal me gusta motivarme escribiendo, me ayuda mucho; salir un poco a la calle, al cine, aunque no tenga ganas; escuchar reflexiones que me inspiran como las del señor César Lozano o

Freddy de Anda, siempre hay un tema para todo; ir con mis amigas, hacer ejercicio… eso sí, siempre queramos o no, debemos aceptar que no está de más recibir ayuda de otras personas, especiales para motivarnos, y cuantas veces sea necesario. Todos tenemos una conexión, creados de igual semejanza, y es probable que pasemos por los mismos dilemas. Prohibido permitir que nos hagan menos, que nos abusen, que desbaraten nuestros planes. Cuando mejoramos nuestra vida, indirectamente mejora la de nuestra familia; es parecido a un juego de jergas que, si cae uno, lo más probable es que caigan todos.

19 - Personas felices

Las personas felices no son las que tienen que imitar la felicidad de los demás o que los imiten, cada uno de nosotros tenemos un rol en la vida con diferentes metas.

Una ama de casa el ser cumplida e íntegra en el hogar que satisface todas las necesidades requeridas y hace y la hacen sentir feliz es satisfactorio su esfuerzo, es su meta. Igualmente, cuando es ascendido a un puesto el trabajador de una empresa o fábrica por su colaboración ejemplar, es algo extraordinario; cuando un ejecutivo puede recoger frutos del esfuerzo, da una inmensa alegría y satisfacción, por eso vale la pena luchar por estar satisfecho en el área laboral, porque el no intentar hacer nada ni tener un empleo, no es nada gratificante.

Con perseverancia y buena actitud se logran muchas cosas.

20 - Las envidias

El tema de las envidias se escucha algo incómodo, complicado y confuso. Algunos dicen "yo te envidio, pero a la buena", otros envidian, pero no pueden admitirlo. Yo digo que ni una ni la otra puede ser buena una que al tener envidia es porque admira y desea lo que la otra posee, pero hasta ahí llegan sus límites sin trascender.

En cambio, la envidia mala es donde caben sentimientos, pensamientos y a veces acciones destructivas al desear poseer lo que los demás tienen. La envidia les hace criticar. Perjudicar a la persona directa o indirectamente es el peor caso porque esas personas van alimentando esos malos sentimientos negativos amargando su existencia, por esa causa no pueden ser felices nunca.

Existe esa envidia masiva en la cual se admira a la persona, la quieres imitar para hacer lo que ella hace sin alimentar malos pensamientos dañinos contra ella y en cierta forma es buena envidia, porque luchas e intentas tener logros parecidos y luchas por ello. Esa obsesión de llegar a ser igual te da una fuerza increíble para lograr tus propios objetivos independientemente de la otra persona, pero tomando su ejemplo; y si no se logra al menos se intentó con en corazón, porque más vale intentar a quedarse mirando como los demás lo hacen. Lo más humilde y sencillo es decírselo, mostrarle tu admiración, hablar bien de los demás; eso es un gran punto de una gran persona, porque no oculta nada y se ve que es feliz. Al contrario de la mala, donde parece que siempre están al pendiente de ti, te siguen, te observan y algunas no tanto porque te odien, sino porque además de que te admiran, tienen miedo, porque saben que tienes un gran potencial y saben de todo lo que eres capaz, y no tanto desean hacerlo ellos, sino que odian que tú lo hagas, así pasa, hay que ser felices nosotros, olvidando todo lo que oigas mal intencionado y seguir luchando con la frente en alto.

21- Cuándo sentimos desolación o tristeza

Cuando creemos que estamos deprimidos y no queremos ir a donde nos inviten, ni salir a la esquina, ni escuchar nada. Me llega a pasar cuando veo a mi hija así, aburrida, triste, sin ganas de nada. La motivo a seguirme, a salirnos al parque, al cine, a divertirse a donde sea; el secreto es no estar ahí donde te sientes así, eso nos ayuda grandemente a sentirnos relajados y así también nuestros pensamientos que se encontraban como agua revuelta y sucia, vuelven a formarse clara y limpia. No permitas que la tristeza se alargue y sea una carga pesada, de lo contrario terminaría formándose como una bola de nieve rodando cada vez más hasta convertirse en una pelota gigante que puede estrellarse y destruirse interiormente, de ahí las fuertes depresiones donde ya es otro nivel muy difícil de controlar por uno mismo y se vuelve enfermedad. Como guerreros que somos, debemos luchar diariamente tratando de sentirnos satisfechos y no dejarnos vencer por los temores y adversidades que se presentan en nuestras vidas, de ese modo matamos todo fantasma de incertidumbres: venciendo.

22 - Merecemos reconocimientos

Merecemos reconocimientos y si nadie lo hace, basta con que te felicites tú. Cada logro que tenemos en nuestra vida, por muy pequeño que sea, merece nuestro propio reconocimiento porque, aunque pequeño, fue difícil. Eres la persona más importante y la que sabe lo que costó y hasta dónde llegaste; debemos sentir orgullo por eso, porque de los pequeños logros se acumula para llegar al éxito. No necesitas opiniones vacías, tú eres tu juez, tu mejor amiga para toda la vida; abraza cada esfuerzo, bendice y agradece con todo tu amor y de eso tú misma te sentirás feliz y satisfecha; lo demás vendrá solo.

Respecto a nuestro trabajo, cuando nos entregamos por convicción y amor a él, disfrutamos más ese tiempo y por muy humilde que sea nuestra labor, producimos más y quedamos satisfechos y orgullosos por ello.

23 - Personas en duelo

Personas en duelo o pasando por momentos difíciles; son heridas que a nadie le gustaría abrir al hablar sobre eso, por el terrible sufrimiento de perder a alguien que se amó con el alma. Sin embargo, la vida sigue y tenemos que cargar con ese dolor, digamos mejor, con ese recuerdo, porque nadie quiere olvidarlo, es bonito tenerlos presentes en nuestros corazones mientras Dios nos de el tiempo, la fortaleza para superar esa pérdida. En ese proceso se va asimilando poco a poco su ausencia, aunque nunca se olvide lo vivido con ellos en el pasado.

Pero la vida sigue y nos pone cosas o personas para tomar un cargo sobre ellas, personas que también están necesitando mucho de ti y que puedes llenar algunos vacíos en ellos;

a veces alguien de tu familia, a veces un extraño que está solo, desamparado y necesitado, a veces hijos, a veces algún hermano o padre. Debemos ver por ellos también, para que no se repita otra triste historia.

Las personas que partieron dejaron planes volando y todo queda al vacío, por alguna razón inexplicable que tal vez nunca entenderemos.

Nadie podría llenar ese lugar, pero sí podemos hacer algo por alguien más que haya pasado la misma situación o simplemente necesite ayuda. Nos conforta ayudar también y hacer cosas en honor a nuestros queridos que partieron; el hacer el bien siempre nos mantendrá positivos y rogando a Dios por nuestro bienestar y el de los demás. Al mundo nos asusta oír la palabra "muerte", es natural porque nos separa temporalmente de personas que amamos, y menciono "temporalmente" porque tenemos una gran esperanza, la muerte ya fue derrotada una vez y habrá otra siguiente vez que será derrotada para siempre, así como Jesús nuestro señor la derrotó, Dios nos da otra oportunidad a nosotros, y vivir con esa esperanza nos conforta de estar algún día con nuestros seres queridos. Tenemos ese consuelo, hay que seguir la guía que él nos da para lograrlo.

24 - Mi vida cambió positivamente

Revisando mi pasado, a lo largo de mi vida recordando situaciones, pensaba en cómo había tantas cosas que me hacían infeliz; me entristecía mi vida solitaria, así la sentía yo. Siempre surgía un problema en casa, con la familia regularmente, o una queja; no era lo que yo deseaba para mi vida.

Cuando razoné y busqué en el interior de mi corazón, comprendí que yo estaba entera, que nada me faltaba para disfrutar de esta vida. Cuando empecé a agradecer por cada cosa que pasaba y saboreaba con más detenimiento lo que veía, lo que pasaba por mi camino, agradecí más a Dios por abrir mis ojos. Después de tanto agradecimiento floreció la abundancia, me empecé a sentir en paz, esa paz de verme sana y a los míos también; ¿cómo no agradecer por tanto? de repente las cosas que tanto necesitaba ya no las buscaba, llegaban a mí tanto material como espiritual. Mi vida cambió al volverme más positiva y agradecida por tener a mis hijos y mi familia sana. Es verdad que todo eso atrae, porque me rodeaba con personas muy positivas con intenciones y propósitos iguales que los míos y se alejaban las negativas por arte de magia. Qué bella es la vida cuando la valoramos en verdad, de ella aprendí que las personas iguales o parecidas tarde o temprano se juntan para hacer su función para un mundo mejor; es increíble que cuando actuamos justamente y agradecidos, con la esperanza y convicción que vendrán tiempos mejores, todo se cumple al pie de la letra. La vida es para disfrutarla haciéndola mejor.

No dejo de sorprenderme y esperar más, aunque vayan pasando sobre mí los años. Me entusiasma solo imaginar qué será lo que pasará mañana, qué nos tiene preparado el destino, esa es la esperanza de vida de alguien que vive con la ilusión de que siempre habrá algo bueno por esperar, algo que mejorará nuestras vidas. Aunque no podamos evitar los problemas que surjan cotidianamente, sí podemos mejorar nuestra actitud más positivamente para que no nos afecte de gran manera; lo he comprobado yo con mis propias actitudes. Ya nada nos podrá detener con esas ganas de vivir y hacer los impulsos que pide nuestro corazón, si estamos acompañados o estamos solos.

25 - Invitación a luchar por tu vida

Los invito a disfrutar conmigo las bendiciones que tenemos y las que vienen en puerta, hay muchas cosas y motivos por los cuales luchar contra la adversidad y maldad, usemos ese don atribuido a nuestra vida, todos lo tenemos y debemos pulirlo para que brille ese ángel que hay en nosotros; no temas sacarlo.

Si tienes sueños en tu vida y no te decides a hacerlos realidad, tú mismo verás que todo lo que planeaste o pensaste, alguien más lo hizo, como si se lo hubieran transferido. Tu alma grita que lo hagas, no la ignores, porque significa que tú puedes y que te pertenece; saca ese coraje, que es lo que necesitas para emprender.

Este libro está destinado a un número de personas que se identifican mucho conmigo y compartirán mis sentimientos; es para ayudarlas de todo corazón y vean que no están solas, que hay personas como yo que buscamos un medio para ayudar de cierta manera y me satisfaría saber que fue de ayuda, que le sirvió a alguien que se siente triste, solo, aunque esté en medio de tanta gente.

26 - Habla contigo mismo

Hay instantes que deseamos estar solos, disfrutar nuestra soledad, y eso no es malo. De vez en cuando es bueno hablar con nosotros mismos, reflexionar qué somos o de qué será útil nuestra existencia, qué haremos con nuestra vida mientras la tengamos. Las malas experiencias que tuvimos en el pasado han sido útiles si mejoramos cada día un tanto por ciento, al menos un paso firme hacia adelante; no se puede dar marcha atrás. Siempre avanzando hacia lo mejor, una avalancha nunca retrocede en su marcha, no podría, así debe ser nuestra vida; que lo poco o mucho que mejoramos no se destruya a medio camino hacia nuestro destino.

Un animal, cuando pasa por un sitio y pisa una trampa y se lastima, si sale de ese lugar, por instinto no vuelve a pasar por ahí; aunque no tiene la inteligencia como nosotros, usa su instinto. Nosotros poseemos ambas cosas, no hay que desperdiciarlas, hay que ser mejores que ellos y no regresar a donde nos hicimos o nos hicieron daño. No regresemos a las trampas del destino, usemos nuestros dones y fortaleza, verán que con el tiempo estaremos orgullosos y satisfechos de nosotros mismos y nuestros seres queridos también lo estarán.

27 - Dar amor es compartir lo bueno

Hace tiempo revoloteaban en mi mente muchas ideas y pensamientos de motivación para alentar a muchas personas, y no porque yo sea feliz intensamente, sino porque sentí depresión, tristeza, soledad y pensamientos nocivos, y no desearía a nadie que se sintiera igual, sino que busquen la manera, a su manera, y verán que sí se puede tener una vida satisfactoria casi completamente feliz. Toda letra va escrita directa del corazón y llegará a donde tiene que llegar. Siempre tenemos todos algo bueno y productivo que dar a los demás y no lo debemos callar si es para su bien y, como dije, si no haces realidad un sueño, alguien más lo hará por ti; tus ideas, tus pensamientos. Este es mi sueño, dejar estas letras en cada generación; no sé cuándo llegará, en unos meses, unos años o tal vez cuando muera, lo que importa es que llegue y sea útil para alguien al menos.

En cada uno de nosotros está ese poder de ofrecer, de dar amor de una u otra forma, y eso nos va a impulsar a convertir los sueños en realidad. Si nada funciona, lograste al menos tu objetivo de no quedarte a medias ni con los brazos cruzados, pero no nos debemos sentir menos ni despreciados. Somos hermosos, vean su espejo con amor propio, algunos nos quisieron hacer sentir lo contrario según su conveniencia, ya que en realidad son esas personas inseguras y llenas de resentimientos quienes trataron de volcar su amargura sobre nosotros. Tenemos nuestros sentidos para despertarlos y levantar nuestro espíritu luchador que nunca se rinde para llegar a ser a lo que estamos destinados ya.

28 - Elimina lo que te hace daño

Mientras más me introduzco a la escritura, más me entusiasma estar compartiendo con ustedes mis experiencias o lecciones y me motivo yo misma. El hacer algo por los demás, sin duda trae felicidad a tu vida y te hace olvidar insignificancias, problemas sin sentido de la vida diaria, y se llena tu mente de ideas positivas; es aconsejable y necesario hacerlo.

Si a ti te gusta la costura, métete de lleno a aprender más de ella, o bordar, hacer ejercicio, escribir o alguna otra actividad; no lo pienses, empieza ya. No estemos de brazos cruzados dejando la vida pasar sin hacer absolutamente nada. Tal vez te gusta hacer y decorar pasteles, o dar clases de zumba, o comprar y vender algo, qué se yo todo lo que te guste. Llena tu cerebro de vida y energía para vivir y disfrutar, yo sé que los resultados son increíbles, me ha pasado a mí.

Analicé mi vida compartiéndola con personas tóxicas que se la pasan quejándose de todo, que hablan siempre de los demás o te rechazan hasta un saludo, etcétera, y eso a veces nos afecta, nos pone de mal humor también, pero eso era porque yo estaba permitiendo que me afectara, cuando no valía la pena dejar que controlen mi estado de ánimo; eso fue algo que me hizo pensar en alejarme un poco de ellas. Me sentí más feliz cuando me topé con personas más optimistas, que contagian su alegría, su pasión y sus ganas de vivir; es maravilloso estar con esos grupos de personas y reconocer que también, al igual que yo, tienen sus días grises y tratan de superarlos. De nosotros depende la actitud que tomemos y, si la tenemos que cambiar, que sea lo más pronto posible para no afectar a los demás a nuestro alrededor, porque cada uno está donde merece estar y nosotros merecemos el mejor lugar. No vale la vida estar guardando rencores, porque todos somos tan vulnerables cuando nos pasa una desgracia, que el orgullo cae y no somos nada. Vale la pena la paz, la que cura todo.

29 - Fuera quejas y excusas

Muchos de nosotros vamos por la vida quejándonos de nuestras parejas, de nuestros jefes o patrones, del maestro o cuantos nos rodean; estamos insatisfechos a nuestras necesidades y somos infelices.

La pregunta debe ser: ¿qué podemos hacer para remediarlo o corregirlo?Solamente nosotros llevamos esa responsabilidad, nadie estará eternamente con nosotros para hacerse cargo, por esa razón, nadie debe depender de nadie. En momentos de reflexión nos podemos dar cuenta cuáles son las cosas que nos proporcionan paz. Son más las ocasiones que nos provocan amarguras, que no tomamos en cuenta las demás cosas que hemos hecho bien porque estamos esperando ver resultados grandes para complacernos, pero no es así; lo más bello y simple son esos detalles más chicos que nos pueden satisfacer. Algunos que me han servido en especial a mí, es ver las necesidades de los demás, servirles en lo que me sea posible, la unión familiar, hacer las actividades que me encantan, el servir con amor y agradecimiento en mi trabajo, y una cosa de lo más simple, disfrutar de la naturaleza; y así, aunque mi vida no sea perfecta, cada día espero con ilusión disfrutar del siguiente día para ver qué sorpresa nos espera.

30 - El ayer ya no regresa

Algunos o tal vez muchos de nosotros tuvimos un pasado que sentimos que nos avergüenza o que fue demasiado triste como para recordarlo; tememos que regrese o nos afecte y nos asalta el miedo, y si uno se deja envolver, nos llegamos a sentir inseguros; pero no pasará nada cuando comprendamos que fue parte de nosotros, que nunca volverá y que lo único que nos puede dejar son enseñanzas. Dios nos dio una renovación diaria si es necesaria. Cosas maravillosas se aprenden en el camino cuando estamos creciendo interiormente. Al llegar a la cúspide de la paz que nos envuelve, no hay retorno, ya estamos disfrutando de una tranquilidad, desligándonos de problemas que ni nos pertenecen, como para que algo que le llaman miedo nos pueda influenciar hacia la oscuridad.

Lo que gozamos hoy y construimos gracias a nuestros pensamientos positivos, es una lucha constante de crearnos cada día una mejor versión de nosotros, fabricando buenas obras para el bien. Nunca se debe vacilar cuando vas en el último escalón después de tanto esfuerzo, ya no, y por muy lentos que sean nuestros pasos, van hacia adelante y con la frente muy en alto para romper el cordón del éxito al llegar a nuestras metas, y si por alguna razón volteaste hacia atrás, hacia tus pasos, que sea solo para engrandecer la fuerza, que jamás volverás, y sigue caminando como si nada hubiera pasado, como si todo te hubiera sido perdonado para quitarte el peso que cargas y que no te deja avanzar. No tengas miedo en seguir con seguridad, ya no eres la misma persona.

31 - Sentimientos personales; cómo nos afectan

Regularmente son las rupturas amorosas o familiares las que destacan más en hacernos sentir lastimados sentimentalmente.

Una ruptura amorosa o decepción puede llegar a afectar seriamente cuando se toma muy en serio. Se puede tornar en una depresión fuerte o una actitud negativa por la parte más afectada, sin medir las consecuencias; eso es según en la medida que sepa superar cada uno la situación, como un engaño o una traición. Sé que no es fácil tomar consejos cuando no somos nosotros quienes pasamos por eso, pero sí alguna vez en la vida o varias veces nos pudo haber pasado y en lo que yo siento es cortar por lo sano, antes que nada aceptar las cosas, que nadie es perfecto, que cometemos muchos errores y que no podemos ser eternos para alguien o ellos para nosotros. Si por alguna circunstancia se acaba la relación con cualquier persona que hayamos tenido una relación estrecha, y si queremos que no pase a desgraciarse la vida, debemos agradecer, sí, agradecer algún motivo, como los momentos buenos que un día nos dio, lo que hizo por nosotros o por apartarse ya de nosotros para darnos un camino nuevo y un cambio radical y lleno de gratas sorpresas que hay guardadas para nosotros; un agradecimiento de corazón con una despedida definitiva, al menos por ese tiempo que aún están revueltos los sentimientos. Cuando el amor o ilusión se acaban, por muy doloroso, debemos aceptar y dar por hecho que no estamos aquí para mendigar amores ni recibir miserias, tomar nuestro orgullo pisoteado y buscar nuevas alternativas y alegrías, y también perdonar. Después de esas tres cosas, estarás enviando tu vibración positiva como un bumerang y se te regresarán muy buenas nuevas; no sé cómo pasará, pero es lo más seguro. Además, ese dolor y aceptación nos convierten en una persona maravillosa con la que muchos quisieran estar.

Es difícil olvidar, pero muy necesario no dejarse llevar por la amargura. Al contrario, ahora puedes ver que puedes hacer muchas cosas que deseabas hacer y no podías por la compañía que tenías por esa relación y hoy podrás gozar con tu libertad hasta que asimiles las cosas.

Puedes hacer muchos cambios en tu vida, debes ser optimista y con el tiempo estarás tan orgullosa(o) de ver las decisiones tan acertadas que tomaste y te llenarás de paz.

Yo en lo personal me dejaba a veces llevar por las emociones, pasaban situaciones, decepciones y todo eso, y sufría por cosas tan insignificantes que me ponía a pensar: "¿cuántos niños están pasando por crisis de pobreza, hambre, enfermedades terminales como el cáncer o son abusados sexual y físicamente?", y digo "niños" porque son más inofensivos e inocentes, pero en realidad medio mundo sufre de todo eso y uno sufriendo por tonterías que no valen la pena; esa sí es una descripción de verdadera tristeza. Así que si vas a sufrir por amor, mejor que Dios te bendiga y nos vaya bien, que la vida vuelve a retoñar con más hermosura que antes; olvida todo mensaje, nada de checar en las redes sociales, eso sería lo peor, querer ver si es feliz, si está triste, que si te extraña en su nueva vida… nada de eso vale la pena, es como darte falsas esperanzas de algo que ya no existe, que se acabó. La vida sigue solo o acompañado, estamos aquí solo de paso en esta vida y hay que saber disfrutar ese pequeño paseo y no estancarnos en algo que nos deje ahí, estancados, matándonos lentamente. Algunos te pueden aconsejar diciéndote: "antes estabas sin eso, sin él o ella", pero no es una buena opción ver cómo estábamos, porque las decisiones que hicimos en el pasado tienen mucho que ver con lo que hoy estemos pasando, así que es mejor invertir nuestro valioso tiempo en cosas nuevas o diferentes, algo que nos impacte, que nos mueva y motive a algo mejor, pero no estar sin hacer algo o echar vistazos al pasado, porque vamos para enfrente.

32 - Levanta tu autoestima

El hecho de que hayas pasado por una ruptura, un desprecio o una desgracia que te afectó demasiado, no quiere decir que tienes que dejar arrastrar tu vida por el destino y no atenderte ni preocuparte por lo más sagrado que tienes: tú; tu cuerpo, tu mente. Tu baja autoestima es mala consejera, te hace sentir insignificante, fea y sin ninguna virtud, cuando en realidad es todo lo contrario. Sí, tu belleza es como un girasol que vive en la sombra y solo basta un rayo de luz que se filtre en su cara y mente para que descubras lo maravillosa persona que eres. No te dejes llevar por el pesimismo, pase lo que pase sigue avanzando, sigue caminando. Cuando sepas correr, corre, cuando te canses, camina y si ya no puedes caminar, pues usa un bastón, pero nunca te detengas a esperar que te llegue el pesimismo de no hacer nada en la vida; eso hacen los valientes. Solo escucha lo bueno y positivo que alimente tu alma , lucha para demostrarle al mundo y a ti misma de lo que eres capaz de hacer después de cada caída; lucirás más madura, más fuerte, más hermosa, para que nadie te pueda doblegar y manipular.

Muy bonito es el estar siempre activo en algo que te gusta, cosa que yo siempre recomiendo, no solo para superar tu estado de ánimo, sino para sentirte bien contigo misma.

Una persona que está contenta y en paz consigo misma, irradia luz y contagia. Con los que comparte su vida, lleva una alegría interna que aún en tiempos difíciles que esté pasando, siempre se estará recuperando, porque su mente y cuerpo están tan ocupados trabajando en reconstruirse, haciendo, planeando miles de cosas, llenando vacíos y de paso, compartiendo con los demás.

Nunca dejes de hacer lo que te gusta, no quiero decir que para estar feliz estemos de fiesta en fiesta, sino el hacer algo constructivo, servicial, creativo o ayudar a los demás, algo que deje huella en todo lo que hagas y desees. Eso nos lleva a un excelente estado positivo donde te sentirás mejor ascendiendo cada vez más, porque así luchaste para conseguirlo y así tiene que ser; el dolor multiplica tu vida para estar mejor.

33 - Nunca es tarde para empezar

Cuando pasan los años y perdimos muchas oportunidades, creemos que ya culminaron nuestro destino y los deberes, y las emociones que sentimos de hacer algo nuevo nos llenan de inseguridad, más no debe ser así, siempre habrá algo nuevo por hacer, proyectos que terminar o simplemente iniciar uno nuevo, sin importar el tiempo que haya pasado. Por x motivo no lo hicimos, pero al decidir hacerlo ahora, en el presente, se vuelve más interesante y extraordinario; por más difícil que te parezca, lo valoras mucho más. Hay sueños dormidos, pero con la fuerza que los despiertas, esa es la motivación que tendrás para realizarlos; ese sueño es tuyo y de nadie más, él te espera para que lo materialices y tomes acción. Son las mismas ideas que tenías, que querías hacer, solo las tienes que alimentar para que crezcan, planeándolas y moldeándolas. No importa el tiempo que dures en hacerlo ni los obstáculos que tengas que brincar, si a alguien no le gusta, si te critican, si te prohíben, no importa, finalmente creció tu carácter y vas a poder terminar con orgullo lo que un día soñaste y hasta planteaste en hacer; vale la pena. Es difícil el pensar en hacer algo, es como estar al pie de una montaña e imaginar lo duro que será llegar hasta arriba, pero ya cuando empezaste a escalar o empezaste a construir tu proyecto, parece que se abren los caminos y empiezas a ver todo más fácil y acomodado a tu conveniencia. Como siempre, lo difícil sería empezar, pero ya en el camino hasta lo disfrutas, lo que importa es no detenerte para nada, solo a agarrar aire y más valor.

34 - Hijos abandonados

Muchos hijos tuvieron que pasar por la pena de haber sido abandonados por sus padres biológicos, por esa razón, algunos crecieron con resentimientos, ira y pues también tristeza, aunque no quieran admitirlo. Sabemos que no es bueno para la salud mental el guardar rencor, no deja vivir plenamente. Esas personas que se alejaron de sus hijos, no se puede predecir lo que guardan sus pensamientos o sus confusiones, muchos no regresan por su cobardía, sus miedos, vergüenzas o falta de voluntad para luchar. Con todo eso, aunque no hayan vivido con sus progenitores, la vida tiene para todos las mismas oportunidades para salir adelante, ser algo especial en la vida de los demás y lograr los sueños que pone Dios en sus mentes. Existen ángeles terrenales que pueden darles la mano y llenarlos de amor como lo merecen, porque una historia siempre puede terminar en algo maravilloso, perdonando los errores de los demás, así como un día nosotros seremos perdonados porque nadie es perfecto; todos cometemos errores graves un día de nuestras vidas. Ojalá nunca se repita la historia con la que han tenido que pasar por todo eso, su actitud determina su futuro, no lo que hacen los demás.

Siempre el darnos la oportunidad de tener una vida, es el gran motivo de agradecimiento permanente a todo lo que pase. Disfrutar la vida que tenemos, el perdonar y no juzgar, nos convierten en unas grandes personas.

35 - Las indirectas

Cuánta gente existe que no tiene la valentía de hablar claro lo que tiene, como dicen, atorado en el cuello; también personas que lo toman todo para ellos y se ofenden. La manera más inteligente es ignorar toda clase de indirecta que no va directamente a ti, porque sería muy tonto desperdiciar tantas moléculas del cerebro pensando en si lo dirán por ti o por fulano. Esa no es la manera de hablar con honestidad, así que, si no te inmutan las indirectas, no te van a afectar para nada. No tienes por qué sentir inquietudes y si alguien desea decir algo, que lo haga con valor y sigue adelante con tus planes, que no podemos andar por la vida tomando todas las piedras que encuentras en el camino.

36 - ¿Quiénes encuentran la felicidad?

Todo mundo ha pasado por muchas dificultades, problemas de familia, de pareja, de situaciones que sienten que no pueden más, pero en nuestro interior vive nuestro espíritu guerrero que no se sabe rendir y busca darle salida a todo. No menospreciemos los consejos que nos dan cuando estamos abatidos por las tristezas, aunque no queramos oír nada, algo nos puede animar a seguir.

¿Me creen si les digo que cuando paso un momento difícil y me lleva la tristeza, veo estos renglones que he hecho para ayudar a la persona que le sea útil y lo llene de ánimos, y aquí mismo me motivo? y tomo en serio mis propios consejos, y vaya que me sirven a mí al pie de la letra. Basta que prendas esa chispa que hace que crezca el amor a la vida y hacia tus seres queridos, y cuando puedas dar un buen consejo a alguien que lo necesite y lo motives a hacerlo sentir bien, tú estarás mucho mejor, te sentirás lleno de vida entre las cosas que había dicho que te harían bien es otra de esas. No hay nada mejor que querernos y enorgullecernos de lo que somos, porque alguien podría imitarnos pero nunca ser lo que somos; somos únicos cada quien, pero con el corazón de amor que Dios nos dio para consolar y sentirnos consolados por el único ser que nos puede brindar la confianza y protección, solo debemos pedirle a Él que nos guíe para hacerlo, y derrochar nuestro corazón y sentimiento hacia él también para ser consolados.

37 - Ayuda y te ayudarás

A todo mundo nos gusta ayudar y sentir esa linda sensación de paz, pero también la mayoría pone pretexto de que no saben, que no tienen dinero, o nada más no tienen la capacidad de hacerlo, porque ayudar no es solo regalar cosas materiales o dinero, sino también un poco de tiempo o algunas palabras de aliento que necesita mucho un enfermo. Un abrazo, unos ánimos, no son difíciles de entregar; solo se debe tener sensibilidad para hacerlo. Actualmente la tecnología tan avanzada nos permite aprender algunos tips o ideas para decir o hacer algo que queramos, todo es cuestión de investigar y aprender un poquito sobre un tema que nos interese, ponerlo en marcha y practicarlo. Nunca se debe decir "no puedo" o "no sé", porque esas cosas tan sencillas valen quilates de oro para alguien que te necesita o necesita escuchar lo que le vas a decir, y mucho más si es tu amigo o un familiar; eso es ayudar, eso es servir. Algún día fuimos consolados o animados y esas cosas, esos detalles quedan grabados en el alma; recuerda.

38 - El perdón

A veces no queremos perdonar a quienes nos hicieron un daño y nos perjudicaron, por miedo a tener contacto otra vez con ellos y miedo a que nos vuelvan a hacer daño; nos llenamos de rencor u odio tal vez, pero el perdonar no te obliga a que tengas nuevamente su amistad o a ir a decirle en su cara que está perdonado, eso aparentemente es humillante, pero hay maneras de entregar tu perdón sin decirlo, porque quien necesita de tu perdón es tu alma, la que está dañada, y primero que nada es a la que le debemos dar ese gozo y esa paz para que todo nuestro cuerpo y alma se llenen de alegría y no se vuelvan a sentir afectados por esa persona. Alejarse sería prudente, pero es importante dejar el perdón y dejar todo en manos del Señor, el único dueño de nuestras vidas. No podemos andar por el mundo sangrando de dolor y privándonos de las cosas maravillosas que la vida nos tiene y no por largo tiempo.

Es casi lo mismo de las preocupaciones: ¿para qué perjudicar nuestra mente inútilmente, cuando no sabes resolver un problema? Yo recuerdo en mi infancia, cuando mi mamá tenía que darle algo a mi papá y no lo encontrábamos, siempre me amenazaba con que me iba a ir muy mal, y cada vez que lo hacía, no podía disfrutar mi día atormentándome por el miedo a que mi papá me daría una tunda; al atardecer, yo solo lo veía tranquilo y nunca pasaba nada. Se hace habitual preocuparnos, pero tenemos que razonar; si no vas a resolver el problema, déjalo fluir y que pase lo que va a pasar.

No quisiera dejar por hecho que mi madre fue mala, pero lo más seguro es que ella sufrió lo mismo y no supo arreglar su hábito o problema.

www.ingramcontent.com/pod-product-compliance
Lightning Source LLC
LaVergne TN
LVHW091600060526
838200LV00036B/934